Ce carnet
appartient a

. . . .

. . . .

🏠Nom :

....

🌐L'adresse du site :

....

👤 Nom d'utilisateur :

....

🔒 Mot de passe :

....

💬Remarques :

....

....

◆◄◄••———————————➤➤✕◄◄————————————•••◄◄►◆

🏠Nom :

....

🌐L'adresse du site :

....

👤 Nom d'utilisateur :

....

🔒 Mot de passe :

....

💬Remarques :

....

....

◆◄◄••———————————➤➤✕◄◄————————————•••◄◄►◆

🏠Nom :

....

🌐L'adresse du site :

....

👤 Nom d'utilisateur :

....

🔒 Mot de passe :

....

💬Remarques :

....

....

🏠 Nom :
....

🌐 L'adresse du site :
....

👤 Nom d'utilisateur :
....

🔒 Mot de passe :
....

💬 Remarques :
....

....

◆◄◄•●● ➤➤◯◄◄ ●•◄►► ◆

🏠 Nom :
....

🌐 L'adresse du site :
....

👤 Nom d'utilisateur :
....

🔒 Mot de passe :
....

💬 Remarques :
....

....

◆◄◄•●● ➤➤◯◄◄ ●•◄►► ◆

🏠 Nom :
....

🌐 L'adresse du site :
....

👤 Nom d'utilisateur :
....

🔒 Mot de passe :
....

💬 Remarques :
....

....

🏠Nom :

....

🌐L'adresse du site :

....

👤 Nom d'utilisateur :

....

🔒 Mot de passe :

....

💬Remarques :

....

....

◆—◀◀•—•• ————————— ➤➤)(◀◀ ———————— ••—•▶▶—◆

🏠Nom :

....

🌐L'adresse du site :

....

👤 Nom d'utilisateur :

....

🔒 Mot de passe :

....

💬Remarques :

....

....

◆—◀◀•—•• ————————— ➤➤)(◀◀ ———————— ••—•▶▶—◆

🏠Nom :

....

🌐L'adresse du site :

....

👤 Nom d'utilisateur :

....

🔒 Mot de passe :

....

💬Remarques :

....

....

🏠Nom :

🌐L'adresse du site :

👤 Nom d'utilisateur :

🔒 Mot de passe :

💬Remarques :

🏠Nom :

🌐L'adresse du site :

👤 Nom d'utilisateur :

🔒 Mot de passe :

💬Remarques :

🏠Nom :

🌐L'adresse du site :

👤 Nom d'utilisateur :

🔒 Mot de passe :

💬Remarques :

🏠Nom :

🌐L'adresse du site :

👤Nom d'utilisateur :

🔒Mot de passe :

💬Remarques :

━━━━━━━━━━━━━━━━━━━━━━━━━━━━━━━

🏠Nom :

🌐L'adresse du site :

👤Nom d'utilisateur :

🔒Mot de passe :

💬Remarques :

━━━━━━━━━━━━━━━━━━━━━━━━━━━━━━━

🏠Nom :

🌐L'adresse du site :

👤Nom d'utilisateur :

🔒Mot de passe :

💬Remarques :

🏠Nom :

....

🌐L'adresse du site :

....

👤 Nom d'utilisateur :

....

🔒 Mot de passe :

....

💬Remarques :

....

....

🏠Nom :

....

🌐L'adresse du site :

....

👤 Nom d'utilisateur :

....

🔒 Mot de passe :

....

💬Remarques :

....

....

🏠Nom :

....

🌐L'adresse du site :

....

👤 Nom d'utilisateur :

....

🔒 Mot de passe :

....

💬Remarques :

....

....

🏠Nom :

🌐L'adresse du site :

👤Nom d'utilisateur :

🔒Mot de passe :

💬Remarques :

⬥⊶⊶⊷⊷⟫⟨⟩⟪⊶⊶⊷⬥

🏠Nom :

🌐L'adresse du site :

👤Nom d'utilisateur :

🔒Mot de passe :

💬Remarques :

⬥⊶⊶⊷⊷⟫⟨⟩⟪⊶⊶⊷⬥

🏠Nom :

🌐L'adresse du site :

👤Nom d'utilisateur :

🔒Mot de passe :

💬Remarques :

🏠Nom :

....

🌐L'adresse du site :

....

👤 Nom d'utilisateur :

....

🔒 Mot de passe :

....

💬Remarques :

....

——————————————————————————————

🏠Nom :

....

🌐L'adresse du site :

....

👤 Nom d'utilisateur :

....

🔒 Mot de passe :

....

💬Remarques :

....

——————————————————————————————

🏠Nom :

....

🌐L'adresse du site :

....

👤 Nom d'utilisateur :

....

🔒 Mot de passe :

....

💬Remarques :

....

....

🏠Nom :
....

🌐L'adresse du site :
....

👤 Nom d'utilisateur :
....

🔒 Mot de passe :
....

💬Remarques :
....

....

◆──≺┼●●≻────────────≫)(≪────────────●●●──≻◆

🏠Nom :
....

🌐L'adresse du site :
....

👤 Nom d'utilisateur :
....

🔒 Mot de passe :
....

💬Remarques :
....

....

◆──≺┼●●≻────────────≫)(≪────────────●●●──≻◆

🏠Nom :
....

🌐L'adresse du site :
....

👤 Nom d'utilisateur :
....

🔒 Mot de passe :
....

💬Remarques :
....

....

🏠Nom :

....

🌐L'adresse du site :

....

👤Nom d'utilisateur :

....

🔒Mot de passe :

....

💬Remarques :

....

....

◆◄◄•••━━━━━━━━━━━━━⇒✕⇐━━━━━━━━━•••►►◆

🏠Nom :

....

🌐L'adresse du site :

....

👤Nom d'utilisateur :

....

🔒Mot de passe :

....

💬Remarques :

....

....

◆◄◄•••━━━━━━━━━━━━━⇒✕⇐━━━━━━━━━•••►►◆

🏠Nom :

....

🌐L'adresse du site :

....

👤Nom d'utilisateur :

....

🔒Mot de passe :

....

💬Remarques :

....

....

🏠 Nom :

....

🌐 L'adresse du site :

....

👤 Nom d'utilisateur :

....

🔒 Mot de passe :

....

💬 Remarques :

....

....

━━━━━━━━━━━━━━━━━━◆━━━━━━━━━━━━━━━━━━

🏠 Nom :

....

🌐 L'adresse du site :

....

👤 Nom d'utilisateur :

....

🔒 Mot de passe :

....

💬 Remarques :

....

....

━━━━━━━━━━━━━━━━━━◆━━━━━━━━━━━━━━━━━━

🏠 Nom :

....

🌐 L'adresse du site :

....

👤 Nom d'utilisateur :

....

🔒 Mot de passe :

....

💬 Remarques :

....

....

🏠Nom :

....

🌐L'adresse du site :

....

👤 Nom d'utilisateur :

....

🔒 Mot de passe :

....

💬Remarques :

....

....

◆◄◄•●•————————➤◯◄◄————————•●•►◆

🏠Nom :

....

🌐L'adresse du site :

....

👤 Nom d'utilisateur :

....

🔒 Mot de passe :

....

💬Remarques :

....

....

◆◄◄•●•————————➤◯◄◄————————•●•►◆

🏠Nom :

....

🌐L'adresse du site :

....

👤 Nom d'utilisateur :

....

🔒 Mot de passe :

....

💬Remarques :

....

....

🏠Nom :

....

🌐L'adresse du site :

....

👤 Nom d'utilisateur :

....

🔒 Mot de passe :

....

💬Remarques :

....

....

◄━━━━◄◄•━•●━━━━━━━━━━━➤➤〇◄◄━━━━━━━━━•●━•►►━━►

🏠Nom :

....

🌐L'adresse du site :

....

👤 Nom d'utilisateur :

....

🔒 Mot de passe :

....

💬Remarques :

....

....

◄━━━━◄◄•━•●━━━━━━━━━━━➤➤〇◄◄━━━━━━━━━•●━•►►━━►

🏠Nom :

....

🌐L'adresse du site :

....

👤 Nom d'utilisateur :

....

🔒 Mot de passe :

....

💬Remarques :

....

....

🏠Nom :

....

🌐L'adresse du site :

....

👤 Nom d'utilisateur :

....

🔒 Mot de passe :

....

💬Remarques :

....

....

◀━━●●━━━━━━━━━━━━━━▶》〇《◀━━━━━━━━━●━━●▶━◀

🏠Nom :

....

🌐L'adresse du site :

....

👤 Nom d'utilisateur :

....

🔒 Mot de passe :

....

💬Remarques :

....

....

◀━━●●━━━━━━━━━━━━━━▶》〇《◀━━━━━━━━━●━━●▶━◀

🏠Nom :

....

🌐L'adresse du site :

....

👤 Nom d'utilisateur :

....

🔒 Mot de passe :

....

💬Remarques :

....

....

🏠Nom :

🌐L'adresse du site :

👤 Nom d'utilisateur :

🔒 Mot de passe :

💬Remarques :

━━━━━━━━━━━━━━━━━━━━━━━━━━━━━━━━━━━━

🏠Nom :

🌐L'adresse du site :

👤 Nom d'utilisateur :

🔒 Mot de passe :

💬Remarques :

━━━━━━━━━━━━━━━━━━━━━━━━━━━━━━━━━━━━

🏠Nom :

🌐L'adresse du site :

👤 Nom d'utilisateur :

🔒 Mot de passe :

💬Remarques :

🏠Nom :

🌐L'adresse du site :

👤Nom d'utilisateur :

🔒Mot de passe :

💬Remarques :

🏠Nom :

🌐L'adresse du site :

👤Nom d'utilisateur :

🔒Mot de passe :

💬Remarques :

🏠Nom :

🌐L'adresse du site :

👤Nom d'utilisateur :

🔒Mot de passe :

💬Remarques :

🏠Nom :

🌐L'adresse du site :

👤Nom d'utilisateur :

🔒Mot de passe :

💬Remarques :

🏠Nom :

🌐L'adresse du site :

👤Nom d'utilisateur :

🔒Mot de passe :

💬Remarques :

🏠Nom :

🌐L'adresse du site :

👤Nom d'utilisateur :

🔒Mot de passe :

💬Remarques :

🏠Nom :

....

🌐L'adresse du site :

....

👤Nom d'utilisateur :

....

🔒Mot de passe :

....

💬Remarques :

....

....

—————————————————————————

🏠Nom :

....

🌐L'adresse du site :

....

👤Nom d'utilisateur :

....

🔒Mot de passe :

....

💬Remarques :

....

....

—————————————————————————

🏠Nom :

....

🌐L'adresse du site :

....

👤Nom d'utilisateur :

....

🔒Mot de passe :

....

💬Remarques :

....

....

🏠Nom :

....

🌐L'adresse du site :

....

👤Nom d'utilisateur :

....

🔒Mot de passe :

....

💬Remarques :

....

....

◆◄◄••••━━━━━━━━━━━━━━━━━━━━⟫⟩◯⟨⟪━━━━━━━━━━━━━━━━•••►►◆

🏠Nom :

....

🌐L'adresse du site :

....

👤Nom d'utilisateur :

....

🔒Mot de passe :

....

💬Remarques :

....

....

◆◄◄••••━━━━━━━━━━━━━━━━━━━━⟫⟩◯⟨⟪━━━━━━━━━━━━━━━━•••►►◆

🏠Nom :

....

🌐L'adresse du site :

....

👤Nom d'utilisateur :

....

🔒Mot de passe :

....

💬Remarques :

....

....

🏠Nom :
....

🌐L'adresse du site :
....

👤 Nom d'utilisateur :
....

🔒 Mot de passe :
....

💬Remarques :
....

◆◄◄•●•━━━━━━━━━━━━━━━⟫⟩◯⟨⟪━━━━━━━━━━•●•►►◆

🏠Nom :
....

🌐L'adresse du site :
....

👤 Nom d'utilisateur :
....

🔒 Mot de passe :
....

💬Remarques :
....

◆◄◄•●•━━━━━━━━━━━━━━━⟫⟩◯⟨⟪━━━━━━━━━━•●•►►◆

🏠Nom :
....

🌐L'adresse du site :
....

👤 Nom d'utilisateur :
....

🔒 Mot de passe :
....

💬Remarques :
....

....

🏠Nom :

🌐L'adresse du site :

👤Nom d'utilisateur :

🔒Mot de passe :

💬Remarques :

━━━━━━━━━━━━━━━━━━━━━━━━━━━━━━━━━━━━━━

🏠Nom :

🌐L'adresse du site :

👤Nom d'utilisateur :

🔒Mot de passe :

💬Remarques :

━━━━━━━━━━━━━━━━━━━━━━━━━━━━━━━━━━━━━━

🏠Nom :

🌐L'adresse du site :

👤Nom d'utilisateur :

🔒Mot de passe :

💬Remarques :

🏠Nom :

....

🌐L'adresse du site :

....

👤 Nom d'utilisateur :

....

🔒 Mot de passe :

....

💬Remarques :

....

....

◄◄◄•••————————————————➤➤〇€€————————————•••►►►

🏠Nom :

....

🌐L'adresse du site :

....

👤 Nom d'utilisateur :

....

🔒 Mot de passe :

....

💬Remarques :

....

....

◄◄◄•••————————————————➤➤〇€€————————————•••►►►

🏠Nom :

....

🌐L'adresse du site :

....

👤 Nom d'utilisateur :

....

🔒 Mot de passe :

....

💬Remarques :

....

....

🏠Nom :

....

🌐L'adresse du site :

....

👤 Nom d'utilisateur :

....

🔒 Mot de passe :

....

💬Remarques :

....

....

◄━━◄◄•••━━━━━━━━━━━━━►►)O(◄◄━━━━━━━━━━━•••►►━━►

🏠Nom :

....

🌐L'adresse du site :

....

👤 Nom d'utilisateur :

....

🔒 Mot de passe :

....

💬Remarques :

....

....

◄━━◄◄•••━━━━━━━━━━━━━►►)O(◄◄━━━━━━━━━━━•••►►━━►

🏠Nom :

....

🌐L'adresse du site :

....

👤 Nom d'utilisateur :

....

🔒 Mot de passe :

....

💬Remarques :

....

....

🏠Nom :

....

🌐L'adresse du site :

....

👤Nom d'utilisateur :

....

🔒Mot de passe :

....

💬Remarques :

....

....

◆◄◄•••————————————⟫◯⟪————————————•••►◄◆

🏠Nom :

....

🌐L'adresse du site :

....

👤Nom d'utilisateur :

....

🔒Mot de passe :

....

💬Remarques :

....

....

◆◄◄•••————————————⟫◯⟪————————————•••►◄◆

🏠Nom :

....

🌐L'adresse du site :

....

👤Nom d'utilisateur :

....

🔒Mot de passe :

....

💬Remarques :

....

....

🏠Nom :

🌐L'adresse du site :

👤Nom d'utilisateur :

🔒Mot de passe :

💬Remarques :

🏠Nom :

🌐L'adresse du site :

👤Nom d'utilisateur :

🔒Mot de passe :

💬Remarques :

🏠Nom :

🌐L'adresse du site :

👤Nom d'utilisateur :

🔒Mot de passe :

💬Remarques :

🏠Nom :

....

🌐L'adresse du site :

....

👤Nom d'utilisateur :

....

🔒Mot de passe :

....

💬Remarques :

....

....

━━━━━━━━━━━━━━━━━━━━━━━━━━━━━

🏠Nom :

....

🌐L'adresse du site :

....

👤Nom d'utilisateur :

....

🔒Mot de passe :

....

💬Remarques :

....

....

━━━━━━━━━━━━━━━━━━━━━━━━━━━━━

🏠Nom :

....

🌐L'adresse du site :

....

👤Nom d'utilisateur :

....

🔒Mot de passe :

....

💬Remarques :

....

....

🏠Nom :

....

🌐L'adresse du site :

....

👤 Nom d'utilisateur :

....

🔒 Mot de passe :

....

💬Remarques :

....

....

◄◄••———————————————➤➤◯◄◄————————————••►►◄

🏠Nom :

....

🌐L'adresse du site :

....

👤 Nom d'utilisateur :

....

🔒 Mot de passe :

....

💬Remarques :

....

....

◄◄••———————————————➤➤◯◄◄————————————••►►◄

🏠Nom :

....

🌐L'adresse du site :

....

👤 Nom d'utilisateur :

....

🔒 Mot de passe :

....

💬Remarques :

....

....

🏠 Nom :

....

🌐 L'adresse du site :

....

👤 Nom d'utilisateur :

....

🔒 Mot de passe :

....

💬 Remarques :

....

....

◄━━━━━━━━━━━━━━━━━━━━━━━━━━━━━►

🏠 Nom :

....

🌐 L'adresse du site :

....

👤 Nom d'utilisateur :

....

🔒 Mot de passe :

....

💬 Remarques :

....

....

◄━━━━━━━━━━━━━━━━━━━━━━━━━━━━━►

🏠 Nom :

....

🌐 L'adresse du site :

....

👤 Nom d'utilisateur :

....

🔒 Mot de passe :

....

💬 Remarques :

....

....

🏠Nom :

🌐L'adresse du site :

👤 Nom d'utilisateur :

🔒 Mot de passe :

💬Remarques :

───────────────◈─────────────⟫◯⟪─────────────◈───────────────

🏠Nom :

🌐L'adresse du site :

👤 Nom d'utilisateur :

🔒 Mot de passe :

💬Remarques :

───────────────◈─────────────⟫◯⟪─────────────◈───────────────

🏠Nom :

🌐L'adresse du site :

👤 Nom d'utilisateur :

🔒 Mot de passe :

💬Remarques :

🏠Nom :

....

🌐L'adresse du site :

....

👤 Nom d'utilisateur :

....

🔒 Mot de passe :

....

💬Remarques :

....

....

◆◄◄•••————————→→◯←←————————•••►►◆

🏠Nom :

....

🌐L'adresse du site :

....

👤 Nom d'utilisateur :

....

🔒 Mot de passe :

....

💬Remarques :

....

....

◆◄◄•••————————→→◯←←————————•••►►◆

🏠Nom :

....

🌐L'adresse du site :

....

👤 Nom d'utilisateur :

....

🔒 Mot de passe :

....

💬Remarques :

....

....

🏠Nom :

....

🌐L'adresse du site :

....

👤 Nom d'utilisateur :

....

🔒 Mot de passe :

....

💬Remarques :

....

....

🏠Nom :

....

🌐L'adresse du site :

....

👤 Nom d'utilisateur :

....

🔒 Mot de passe :

....

💬Remarques :

....

....

🏠Nom :

....

🌐L'adresse du site :

....

👤 Nom d'utilisateur :

....

🔒 Mot de passe :

....

💬Remarques :

....

....

🏠Nom :

....

🌐L'adresse du site :

....

👤 Nom d'utilisateur :

....

🔒 Mot de passe :

....

💬Remarques :

....

....

◆◀◀•●•━━━━━━━━━━━⇒⟩〇⟨⇐━━━━━━━•●•▶▶◆

🏠Nom :

....

🌐L'adresse du site :

....

👤 Nom d'utilisateur :

....

🔒 Mot de passe :

....

💬Remarques :

....

....

◆◀◀•●•━━━━━━━━━━━⇒⟩〇⟨⇐━━━━━━━•●•▶▶◆

🏠Nom :

....

🌐L'adresse du site :

....

👤 Nom d'utilisateur :

....

🔒 Mot de passe :

....

💬Remarques :

....

....

🏠Nom :

....

🌐L'adresse du site :

....

👤 Nom d'utilisateur :

....

🔒 Mot de passe :

....

💬Remarques :

....

....

◀━━••━━━━━━━━━⟫✕⟪━━━━━━━━━••━▶

🏠Nom :

....

🌐L'adresse du site :

....

👤 Nom d'utilisateur :

....

🔒 Mot de passe :

....

💬Remarques :

....

....

◀━━••━━━━━━━━━⟫✕⟪━━━━━━━━━••━▶

🏠Nom :

....

🌐L'adresse du site :

....

👤 Nom d'utilisateur :

....

🔒 Mot de passe :

....

💬Remarques :

....

....

🏠Nom :

....

🌐L'adresse du site :

....

👤Nom d'utilisateur :

....

🔒Mot de passe :

....

💬Remarques :

....

🏠Nom :

....

🌐L'adresse du site :

....

👤Nom d'utilisateur :

....

🔒Mot de passe :

....

💬Remarques :

....

....

🏠Nom :

....

🌐L'adresse du site :

....

👤Nom d'utilisateur :

....

🔒Mot de passe :

....

💬Remarques :

....

....

🏠Nom :

🌐L'adresse du site :

👤Nom d'utilisateur :

🔒Mot de passe :

💬Remarques :

🏠Nom :

🌐L'adresse du site :

👤Nom d'utilisateur :

🔒Mot de passe :

💬Remarques :

🏠Nom :

🌐L'adresse du site :

👤Nom d'utilisateur :

🔒Mot de passe :

💬Remarques :

🏠Nom :

🌐L'adresse du site :

👤 Nom d'utilisateur :

🔒 Mot de passe :

💬Remarques :

━━━━━━━━━━━━━━━━━━━━━━━━━━━━━━

🏠Nom :

🌐L'adresse du site :

👤 Nom d'utilisateur :

🔒 Mot de passe :

💬Remarques :

━━━━━━━━━━━━━━━━━━━━━━━━━━━━━━

🏠Nom :

🌐L'adresse du site :

👤 Nom d'utilisateur :

🔒 Mot de passe :

💬Remarques :

🏠Nom :

....

🌐L'adresse du site :

....

👤 Nom d'utilisateur :

....

🔒 Mot de passe :

....

💬Remarques :

....

....

◀━━◀◀•━•━━━━━━━━⟫〇⟪━━━━━━━•━•◀◀━━▶

🏠Nom :

....

🌐L'adresse du site :

....

👤 Nom d'utilisateur :

....

🔒 Mot de passe :

....

💬Remarques :

....

....

◀━━◀◀•━•━━━━━━━━⟫〇⟪━━━━━━━•━•◀◀━━▶

🏠Nom :

....

🌐L'adresse du site :

....

👤 Nom d'utilisateur :

....

🔒 Mot de passe :

....

💬Remarques :

....

....

🏠Nom :

🌐L'adresse du site :

👤 Nom d'utilisateur :

🔒 Mot de passe :

💬Remarques :

🏠Nom :

🌐L'adresse du site :

👤 Nom d'utilisateur :

🔒 Mot de passe :

💬Remarques :

🏠Nom :

🌐L'adresse du site :

👤 Nom d'utilisateur :

🔒 Mot de passe :

💬Remarques :

🏠Nom :

🌐L'adresse du site :

👤 Nom d'utilisateur :

🔒 Mot de passe :

💬Remarques :

──────────────◆◆──────────────

🏠Nom :

🌐L'adresse du site :

👤 Nom d'utilisateur :

🔒 Mot de passe :

💬Remarques :

──────────────◆◆──────────────

🏠Nom :

🌐L'adresse du site :

👤 Nom d'utilisateur :

🔒 Mot de passe :

💬Remarques :

🏠Nom :

....

🌐L'adresse du site :

....

👤 Nom d'utilisateur :

....

🔒 Mot de passe :

....

💬Remarques :

....

....

◆◄◄•••————————————————→→◯←←————————————•••◄◄►◆

🏠Nom :

....

🌐L'adresse du site :

....

👤 Nom d'utilisateur :

....

🔒 Mot de passe :

....

💬Remarques :

....

....

◆◄◄•••————————————————→→◯←←————————————•••◄◄►◆

🏠Nom :

....

🌐L'adresse du site :

....

👤 Nom d'utilisateur :

....

🔒 Mot de passe :

....

💬Remarques :

....

....

🏠Nom :

🌐L'adresse du site :

👤 Nom d'utilisateur :

🔒 Mot de passe :

💬Remarques :

🏠Nom :

🌐L'adresse du site :

👤 Nom d'utilisateur :

🔒 Mot de passe :

💬Remarques :

🏠Nom :

🌐L'adresse du site :

👤 Nom d'utilisateur :

🔒 Mot de passe :

💬Remarques :

🏠Nom :
....

🌐L'adresse du site :
....

👤 Nom d'utilisateur :
....

🔒 Mot de passe :
....

💬Remarques :
....

....

◆━━━━━━━━━━━━━━━━━━━━➤✕←━━━━━━━━━━━━━━━━━━━◆

🏠Nom :
....

🌐L'adresse du site :
....

👤 Nom d'utilisateur :
....

🔒 Mot de passe :
....

💬Remarques :
....

....

◆━━━━━━━━━━━━━━━━━━━━➤✕←━━━━━━━━━━━━━━━━━━━◆

🏠Nom :
....

🌐L'adresse du site :
....

👤 Nom d'utilisateur :
....

🔒 Mot de passe :
....

💬Remarques :
....

....

🏠Nom :

....

🌐L'adresse du site :

....

👤 Nom d'utilisateur :

....

🔒 Mot de passe :

....

💬Remarques :

....

....

◄━━━━━━━━━━━━━━━━━━➤〇✕←━━━━━━━━━━━━━━━━━►

🏠Nom :

....

🌐L'adresse du site :

....

👤 Nom d'utilisateur :

....

🔒 Mot de passe :

....

💬Remarques :

....

....

◄━━━━━━━━━━━━━━━━━━➤〇✕←━━━━━━━━━━━━━━━━━►

🏠Nom :

....

🌐L'adresse du site :

....

👤 Nom d'utilisateur :

....

🔒 Mot de passe :

....

💬Remarques :

....

....

Nom :

L'adresse du site :

Nom d'utilisateur :

Mot de passe :

Remarques :

Nom :

L'adresse du site :

Nom d'utilisateur :

Mot de passe :

Remarques :

Nom :

L'adresse du site :

Nom d'utilisateur :

Mot de passe :

Remarques :

🏠Nom :

🌐L'adresse du site :

👤Nom d'utilisateur :

🔒Mot de passe :

💬Remarques :

🏠Nom :

🌐L'adresse du site :

👤Nom d'utilisateur :

🔒Mot de passe :

💬Remarques :

🏠Nom :

🌐L'adresse du site :

👤Nom d'utilisateur :

🔒Mot de passe :

💬Remarques :

🏠 Nom :

....

🌐 L'adresse du site :

....

👤 Nom d'utilisateur :

....

🔒 Mot de passe :

....

💬 Remarques :

....

....

◆◄◄•••———————————————➤➤✕◄◄————————————•••◄◄•◆

🏠 Nom :

....

🌐 L'adresse du site :

....

👤 Nom d'utilisateur :

....

🔒 Mot de passe :

....

💬 Remarques :

....

....

◆◄◄•••———————————————➤➤✕◄◄————————————•••◄◄•◆

🏠 Nom :

....

🌐 L'adresse du site :

....

👤 Nom d'utilisateur :

....

🔒 Mot de passe :

....

💬 Remarques :

....

....

🏠Nom :

....

🌐L'adresse du site :

....

👤 Nom d'utilisateur :

....

🔒 Mot de passe :

....

💬Remarques :

....

....

━━━━━━━━━━━━━━━━━━━━━━━━━━━━━━━━━━━━━━

🏠Nom :

....

🌐L'adresse du site :

....

👤 Nom d'utilisateur :

....

🔒 Mot de passe :

....

💬Remarques :

....

....

━━━━━━━━━━━━━━━━━━━━━━━━━━━━━━━━━━━━━━

🏠Nom :

....

🌐L'adresse du site :

....

👤 Nom d'utilisateur :

....

🔒 Mot de passe :

....

💬Remarques :

....

....

🏠Nom :

....

🌐L'adresse du site :

....

👤 Nom d'utilisateur :

....

🔒 Mot de passe :

....

💬Remarques :

....

....

━━━━◆◄◄••••━━━━━━━━━━━━⟫⟨⟫⟨⟨━━━━━━━━━━━━••••►►◄━━━━

🏠Nom :

....

🌐L'adresse du site :

....

👤 Nom d'utilisateur :

....

🔒 Mot de passe :

....

💬Remarques :

....

....

━━━━◆◄◄••••━━━━━━━━━━━━⟫⟨⟫⟨⟨━━━━━━━━━━━━••••►►◄━━━━

🏠Nom :

....

🌐L'adresse du site :

....

👤 Nom d'utilisateur :

....

🔒 Mot de passe :

....

💬Remarques :

....

....

🏠Nom :

🌐L'adresse du site :

👤Nom d'utilisateur :

🔒Mot de passe :

💬Remarques :

🏠Nom :

🌐L'adresse du site :

👤Nom d'utilisateur :

🔒Mot de passe :

💬Remarques :

🏠Nom :

🌐L'adresse du site :

👤Nom d'utilisateur :

🔒Mot de passe :

💬Remarques :

🏠Nom :

....

🌐L'adresse du site :

....

👤 Nom d'utilisateur :

....

🔒 Mot de passe :

....

💬Remarques :

....

🏠Nom :

....

🌐L'adresse du site :

....

👤 Nom d'utilisateur :

....

🔒 Mot de passe :

....

💬Remarques :

....

🏠Nom :

....

🌐L'adresse du site :

....

👤 Nom d'utilisateur :

....

🔒 Mot de passe :

....

💬Remarques :

....

....

🏠Nom :

....

🌐L'adresse du site :

....

👤 Nom d'utilisateur :

....

🔒 Mot de passe :

....

💬Remarques :

....

....

◆◄◄•••━━━━━━━━━━━━━━━━➤➤〇〉◄◄━━━━━━━━━━━━━━•••◄◄◆

🏠Nom :

....

🌐L'adresse du site :

....

👤 Nom d'utilisateur :

....

🔒 Mot de passe :

....

💬Remarques :

....

....

◆◄◄•••━━━━━━━━━━━━━━━━➤➤〇〉◄◄━━━━━━━━━━━━━━•••◄◄◆

🏠Nom :

....

🌐L'adresse du site :

....

👤 Nom d'utilisateur :

....

🔒 Mot de passe :

....

💬Remarques :

....

....

🏠Nom :

....

🌐L'adresse du site :

....

👤 Nom d'utilisateur :

....

🔒 Mot de passe :

....

💬Remarques :

....

....

🏠Nom :

....

🌐L'adresse du site :

....

👤 Nom d'utilisateur :

....

🔒 Mot de passe :

....

💬Remarques :

....

....

🏠Nom :

....

🌐L'adresse du site :

....

👤 Nom d'utilisateur :

....

🔒 Mot de passe :

....

💬Remarques :

....

....

🏠Nom :

🌐L'adresse du site :

👤 Nom d'utilisateur :

🔒 Mot de passe :

💬Remarques :

🏠Nom :

🌐L'adresse du site :

👤 Nom d'utilisateur :

🔒 Mot de passe :

💬Remarques :

🏠Nom :

🌐L'adresse du site :

👤 Nom d'utilisateur :

🔒 Mot de passe :

💬Remarques :

🏠Nom :

....

🌐L'adresse du site :

....

👤 Nom d'utilisateur :

....

🔒 Mot de passe :

....

💬Remarques :

....

....

◆◄◄•●•————————————————»○«————————————————•●•►►◆

🏠Nom :

....

🌐L'adresse du site :

....

👤 Nom d'utilisateur :

....

🔒 Mot de passe :

....

💬Remarques :

....

....

◆◄◄•●•————————————————»○«————————————————•●•►►◆

🏠Nom :

....

🌐L'adresse du site :

....

👤 Nom d'utilisateur :

....

🔒 Mot de passe :

....

💬Remarques :

....

....

🏠Nom :

....

🌐L'adresse du site :

....

👤 Nom d'utilisateur :

....

🔒 Mot de passe :

....

💬Remarques :

....

....

◆❮❮•••━━━━━━━━━━❯❯◯❮❮━━━━━━━━•━•◆

🏠Nom :

....

🌐L'adresse du site :

....

👤 Nom d'utilisateur :

....

🔒 Mot de passe :

....

💬Remarques :

....

....

◆❮❮•••━━━━━━━━━━❯❯◯❮❮━━━━━━━━•━•◆

🏠Nom :

....

🌐L'adresse du site :

....

👤 Nom d'utilisateur :

....

🔒 Mot de passe :

....

💬Remarques :

....

....

🏠 Nom :

....

🌐 L'adresse du site :

....

👤 Nom d'utilisateur :

....

🔒 Mot de passe :

....

💬 Remarques :

....

❖━━━━━━━━━━━━━━━━━━━❖

🏠 Nom :

....

🌐 L'adresse du site :

....

👤 Nom d'utilisateur :

....

🔒 Mot de passe :

....

💬 Remarques :

....

❖━━━━━━━━━━━━━━━━━━━❖

🏠 Nom :

....

🌐 L'adresse du site :

....

👤 Nom d'utilisateur :

....

🔒 Mot de passe :

....

💬 Remarques :

....

Nom :

....

L'adresse du site :

....

Nom d'utilisateur :

....

Mot de passe :

....

Remarques :

....

....

Nom :

....

L'adresse du site :

....

Nom d'utilisateur :

....

Mot de passe :

....

Remarques :

....

....

Nom :

....

L'adresse du site :

....

Nom d'utilisateur :

....

Mot de passe :

....

Remarques :

....

....

🏠 Nom :

....

🌐 L'adresse du site :

....

👤 Nom d'utilisateur :

....

🔒 Mot de passe :

....

💬 Remarques :

....

....

———————————————————————

🏠 Nom :

....

🌐 L'adresse du site :

....

👤 Nom d'utilisateur :

....

🔒 Mot de passe :

....

💬 Remarques :

....

....

———————————————————————

🏠 Nom :

....

🌐 L'adresse du site :

....

👤 Nom d'utilisateur :

....

🔒 Mot de passe :

....

💬 Remarques :

....

....

🏠Nom :

....

🌐L'adresse du site :

....

👤 Nom d'utilisateur :

....

🔒 Mot de passe :

....

💬Remarques :

....

....

◆───◆

🏠Nom :

....

🌐L'adresse du site :

....

👤 Nom d'utilisateur :

....

🔒 Mot de passe :

....

💬Remarques :

....

....

◆───◆

🏠Nom :

....

🌐L'adresse du site :

....

👤 Nom d'utilisateur :

....

🔒 Mot de passe :

....

💬Remarques :

....

....

🏠 Nom :
....

🌐 L'adresse du site :
....

👤 Nom d'utilisateur :
....

🔒 Mot de passe :
....

💬 Remarques :
....
....

◆━◂◂•━•━━━━━━➤➤✕◅◅━━━━━━•━•◂◂━◆

🏠 Nom :
....

🌐 L'adresse du site :
....

👤 Nom d'utilisateur :
....

🔒 Mot de passe :
....

💬 Remarques :
....
....

◆━◂◂•━•━━━━━━➤➤✕◅◅━━━━━━•━•◂◂━◆

🏠 Nom :
....

🌐 L'adresse du site :
....

👤 Nom d'utilisateur :
....

🔒 Mot de passe :
....

💬 Remarques :
....
....

🏠Nom :
....

🌐L'adresse du site :
....

👤 Nom d'utilisateur :
....

🔒 Mot de passe :
....

💬Remarques :
....

◆◄◦●● ⟫✕⟪ ●◦●►◆

🏠Nom :
....

🌐L'adresse du site :
....

👤 Nom d'utilisateur :
....

🔒 Mot de passe :
....

💬Remarques :
....

◆◄◦●● ⟫✕⟪ ●◦●►◆

🏠Nom :
....

🌐L'adresse du site :
....

👤 Nom d'utilisateur :
....

🔒 Mot de passe :
....

💬Remarques :
....
....

🏠Nom :

....

🌐L'adresse du site :

....

👤 Nom d'utilisateur :

....

🔒 Mot de passe :

....

💬Remarques :

....

◆◄◄•●•━━━━━━━━━━━➤➤〇◄◄━━━━━━━━━●●◄►◄►◆

🏠Nom :

....

🌐L'adresse du site :

....

👤 Nom d'utilisateur :

....

🔒 Mot de passe :

....

💬Remarques :

....

◆◄◄•●•━━━━━━━━━━━➤➤〇◄◄━━━━━━━━━●●◄►◄►◆

🏠Nom :

....

🌐L'adresse du site :

....

👤 Nom d'utilisateur :

....

🔒 Mot de passe :

....

💬Remarques :

....

....

🏠 Nom :
....

🌐 L'adresse du site :
....

👤 Nom d'utilisateur :
....

🔒 Mot de passe :
....

💬 Remarques :
....

....

◆≺≺••●—————————➤➤◯≺≺————————●•◆

🏠 Nom :
....

🌐 L'adresse du site :
....

👤 Nom d'utilisateur :
....

🔒 Mot de passe :
....

💬 Remarques :
....

....

◆≺≺••●—————————➤➤◯≺≺————————●•◆

🏠 Nom :
....

🌐 L'adresse du site :
....

👤 Nom d'utilisateur :
....

🔒 Mot de passe :
....

💬 Remarques :
....

....

🏠 Nom :
....

🌐 L'adresse du site :
....

👤 Nom d'utilisateur :
....

🔒 Mot de passe :
....

💬 Remarques :
....

....

⟡⟡⟡⟡⟡⟡⟡⟡⟡⟡⟡⟡⟡⟡⟡⟡⟡⟡⟡⟡⟡⟡⟡⟡⟡⟡⟡⟡⟡⟡⟡⟡⟡⟡⟡⟡

🏠 Nom :
....

🌐 L'adresse du site :
....

👤 Nom d'utilisateur :
....

🔒 Mot de passe :
....

💬 Remarques :
....

....

⟡⟡⟡⟡⟡⟡⟡⟡⟡⟡⟡⟡⟡⟡⟡⟡⟡⟡⟡⟡⟡⟡⟡⟡⟡⟡⟡⟡⟡⟡⟡⟡⟡⟡⟡⟡

🏠 Nom :
....

🌐 L'adresse du site :
....

👤 Nom d'utilisateur :
....

🔒 Mot de passe :
....

💬 Remarques :
....

....

🏠 Nom :

....

🌐 L'adresse du site :

....

👤 Nom d'utilisateur :

....

🔒 Mot de passe :

....

💬 Remarques :

....

....

◆◄◄•••━━━━━━━━━━━━➤)(←━━━━━━━━━━━•••◄◄◆

🏠 Nom :

....

🌐 L'adresse du site :

....

👤 Nom d'utilisateur :

....

🔒 Mot de passe :

....

💬 Remarques :

....

....

◆◄◄•••━━━━━━━━━━━━➤)(←━━━━━━━━━━━•••◄◄◆

🏠 Nom :

....

🌐 L'adresse du site :

....

👤 Nom d'utilisateur :

....

🔒 Mot de passe :

....

💬 Remarques :

....

....

⌂Nom :
....

🌐L'adresse du site :
....

👤 Nom d'utilisateur :
....

🔒 Mot de passe :
....

💬Remarques :
....

....

⬥⬥⟨⟩⟨⟩⬥⬥

⌂Nom :
....

🌐L'adresse du site :
....

👤 Nom d'utilisateur :
....

🔒 Mot de passe :
....

💬Remarques :
....

....

⬥⬥⟨⟩⟨⟩⬥⬥

⌂Nom :
....

🌐L'adresse du site :
....

👤 Nom d'utilisateur :
....

🔒 Mot de passe :
....

💬Remarques :
....

....

🏠 Nom :

....

🌐 L'adresse du site :

....

👤 Nom d'utilisateur :

....

🔒 Mot de passe :

....

💬 Remarques :

....

....

◆◄◄•●•━━━━━━━━━━━━━━━━━━━⇒)(⇐━━━━━━━━━━━━━━•●•►►◆

🏠 Nom :

....

🌐 L'adresse du site :

....

👤 Nom d'utilisateur :

....

🔒 Mot de passe :

....

💬 Remarques :

....

....

◆◄◄•●•━━━━━━━━━━━━━━━━━━━⇒)(⇐━━━━━━━━━━━━━━•●•►►◆

🏠 Nom :

....

🌐 L'adresse du site :

....

👤 Nom d'utilisateur :

....

🔒 Mot de passe :

....

💬 Remarques :

....

....

🏠Nom :
....

🌐L'adresse du site :
....

👤 Nom d'utilisateur :
....

🔒 Mot de passe :
....

💬Remarques :
....

....

━━━━◆━◀◀━•━•━━━━━━━⇶✕⇇━━━━━━━•━•━▶▶◆━━━

🏠Nom :
....

🌐L'adresse du site :
....

👤 Nom d'utilisateur :
....

🔒 Mot de passe :
....

💬Remarques :
....

....

━━━━◆━◀◀━•━•━━━━━━━⇶✕⇇━━━━━━━•━•━▶▶◆━━━

🏠Nom :
....

🌐L'adresse du site :
....

👤 Nom d'utilisateur :
....

🔒 Mot de passe :
....

💬Remarques :
....

....

🏠 Nom :
....

🌐 L'adresse du site :
....

👤 Nom d'utilisateur :
....

🔒 Mot de passe :
....

💬 Remarques :
....

....

◄◄···•• ➤➤✕◄◄ ••···•►

🏠 Nom :
....

🌐 L'adresse du site :
....

👤 Nom d'utilisateur :
....

🔒 Mot de passe :
....

💬 Remarques :
....

....

◄◄···•• ➤➤✕◄◄ ••···•►

🏠 Nom :
....

🌐 L'adresse du site :
....

👤 Nom d'utilisateur :
....

🔒 Mot de passe :
....

💬 Remarques :
....

....

🏠Nom :

....

🌐L'adresse du site :

....

👤 Nom d'utilisateur :

....

🔒 Mot de passe :

....

💬Remarques :

....

◆◀◀••••━━━━━━━━━━━━━━→→)(←←━━━━━━━━━━━━━━•••◀•▶◆

🏠Nom :

....

🌐L'adresse du site :

....

👤 Nom d'utilisateur :

....

🔒 Mot de passe :

....

💬Remarques :

....

◆◀◀••••━━━━━━━━━━━━━━→→)(←←━━━━━━━━━━━━━━•••◀•▶◆

🏠Nom :

....

🌐L'adresse du site :

....

👤 Nom d'utilisateur :

....

🔒 Mot de passe :

....

💬Remarques :

....

....

🏠Nom :

....

🌐L'adresse du site :

....

👤Nom d'utilisateur :

....

🔒Mot de passe :

....

💬Remarques :

....

....

━━━━━━━━━━━━━━━━━━━━━━━━━━━━━━━━━━

🏠Nom :

....

🌐L'adresse du site :

....

👤Nom d'utilisateur :

....

🔒Mot de passe :

....

💬Remarques :

....

....

━━━━━━━━━━━━━━━━━━━━━━━━━━━━━━━━━━

🏠Nom :

....

🌐L'adresse du site :

....

👤Nom d'utilisateur :

....

🔒Mot de passe :

....

💬Remarques :

....

....

🏠 Nom :
....

🌐 L'adresse du site :
....

👤 Nom d'utilisateur :
....

🔒 Mot de passe :
....

💬 Remarques :
....

....

◆◀◀•●————————⇒✕⇐————————•●◀▶◆

🏠 Nom :
....

🌐 L'adresse du site :
....

👤 Nom d'utilisateur :
....

🔒 Mot de passe :
....

💬 Remarques :
....

....

◆◀◀•●————————⇒✕⇐————————•●◀▶◆

🏠 Nom :
....

🌐 L'adresse du site :
....

👤 Nom d'utilisateur :
....

🔒 Mot de passe :
....

💬 Remarques :
....

....

🏠Nom :

....

🌐L'adresse du site :

....

👤 Nom d'utilisateur :

....

🔒 Mot de passe :

....

💬Remarques :

....

....

🏠Nom :

....

🌐L'adresse du site :

....

👤 Nom d'utilisateur :

....

🔒 Mot de passe :

....

💬Remarques :

....

....

🏠Nom :

....

🌐L'adresse du site :

....

👤 Nom d'utilisateur :

....

🔒 Mot de passe :

....

💬Remarques :

....

....

🏠Nom :
....

🌐L'adresse du site :
....

👤 Nom d'utilisateur :
....

🔒 Mot de passe :
....

💬Remarques :
....
....

――――――――――――――――――――――――――――――――

🏠Nom :
....

🌐L'adresse du site :
....

👤 Nom d'utilisateur :
....

🔒 Mot de passe :
....

💬Remarques :
....
....

――――――――――――――――――――――――――――――――

🏠Nom :
....

🌐L'adresse du site :
....

👤 Nom d'utilisateur :
....

🔒 Mot de passe :
....

💬Remarques :
....
....

🏠 Nom :
....

🌐 L'adresse du site :
....

👤 Nom d'utilisateur :
....

🔒 Mot de passe :
....

💬 Remarques :
....
....

◆━━━━━━━━━━━━━━━━━━⟫⟨⟫⟨⟫⟨⟫⟨⟫⟨⟫⟨━━━━━━━━━◆

🏠 Nom :
....

🌐 L'adresse du site :
....

👤 Nom d'utilisateur :
....

🔒 Mot de passe :
....

💬 Remarques :
....
....

◆━━━━━━━━━━━━━━━━━━⟫⟨⟫⟨⟫⟨⟫⟨⟫⟨⟫⟨━━━━━━━━━◆

🏠 Nom :
....

🌐 L'adresse du site :
....

👤 Nom d'utilisateur :
....

🔒 Mot de passe :
....

💬 Remarques :
....
....

♠ Nom :
....

🌐 L'adresse du site :
....

👤 Nom d'utilisateur :
....

🔒 Mot de passe :
....

💬 Remarques :
....

....

◆◀◀•••————————⟫◯⟪————————•••▶▶◆

♠ Nom :
....

🌐 L'adresse du site :
....

👤 Nom d'utilisateur :
....

🔒 Mot de passe :
....

💬 Remarques :
....

....

◆◀◀•••————————⟫◯⟪————————•••▶▶◆

♠ Nom :
....

🌐 L'adresse du site :
....

👤 Nom d'utilisateur :
....

🔒 Mot de passe :
....

💬 Remarques :
....

....

🏠Nom :

....

🌐L'adresse du site :

....

👤 Nom d'utilisateur :

....

🔒 Mot de passe :

....

💬Remarques :

....

◆◀◀•●•————————→→◯←←————————•●•◀◀◆

🏠Nom :

....

🌐L'adresse du site :

....

👤 Nom d'utilisateur :

....

🔒 Mot de passe :

....

💬Remarques :

....

....

◆◀◀•●•————————→→◯←←————————•●•◀◀◆

🏠Nom :

....

🌐L'adresse du site :

....

👤 Nom d'utilisateur :

....

🔒 Mot de passe :

....

💬Remarques :

....

....

🏠Nom :

....

🌐L'adresse du site :

....

👤 Nom d'utilisateur :

....

🔒 Mot de passe :

....

💬Remarques :

....

....

◆◀◀•●•———————————————➤➤✕◄◄————————————————•●•◀◀◆

🏠Nom :

....

🌐L'adresse du site :

....

👤 Nom d'utilisateur :

....

🔒 Mot de passe :

....

💬Remarques :

....

....

◆◀◀•●•———————————————➤➤✕◄◄————————————————•●•◀◀◆

🏠Nom :

....

🌐L'adresse du site :

....

👤 Nom d'utilisateur :

....

🔒 Mot de passe :

....

💬Remarques :

....

....

Nom :
....

L'adresse du site :
....

Nom d'utilisateur :
....

Mot de passe :
....

Remarques :
....

....

Nom :
....

L'adresse du site :
....

Nom d'utilisateur :
....

Mot de passe :
....

Remarques :
....

....

Nom :
....

L'adresse du site :
....

Nom d'utilisateur :
....

Mot de passe :
....

Remarques :
....

....

🏠Nom :
....

🌐L'adresse du site :
....

👤 Nom d'utilisateur :
....

🔒 Mot de passe :
....

💬Remarques :
....

....

◆━━◆◀••●━━●━━━━━━━━━➤➤)(◀◀━━━━━━━━━●━●◆◆━━◆

🏠Nom :
....

🌐L'adresse du site :
....

👤 Nom d'utilisateur :
....

🔒 Mot de passe :
....

💬Remarques :
....

....

◆━━◆◀••●━━●━━━━━━━━━➤➤)(◀◀━━━━━━━━━●━●◆◆━━◆

🏠Nom :
....

🌐L'adresse du site :
....

👤 Nom d'utilisateur :
....

🔒 Mot de passe :
....

💬Remarques :
....

....

🏠Nom :

🌐L'adresse du site :

👤Nom d'utilisateur :

🔒Mot de passe :

💬Remarques :

🏠Nom :

🌐L'adresse du site :

👤Nom d'utilisateur :

🔒Mot de passe :

💬Remarques :

🏠Nom :

🌐L'adresse du site :

👤Nom d'utilisateur :

🔒Mot de passe :

💬Remarques :

🏠Nom :

....

🌐L'adresse du site :

....

👤 Nom d'utilisateur :

....

🔒 Mot de passe :

....

💬Remarques :

....

....

━━━━━━━━━━━━━━◆❯❮◆━━━━━━━━━━━━━━

🏠Nom :

....

🌐L'adresse du site :

....

👤 Nom d'utilisateur :

....

🔒 Mot de passe :

....

💬Remarques :

....

....

━━━━━━━━━━━━━━◆❯❮◆━━━━━━━━━━━━━━

🏠Nom :

....

🌐L'adresse du site :

....

👤 Nom d'utilisateur :

....

🔒 Mot de passe :

....

💬Remarques :

....

....

🏠Nom :
....

🌐L'adresse du site :
....

👤Nom d'utilisateur :
....

🔒Mot de passe :
....

💬Remarques :
....

....

◄━━━━━━━━━━━━━━━━━━━━━━━━━━►)(◄━━━━━━━━━━━━━━━━━━━━━━━━━━►

🏠Nom :
....

🌐L'adresse du site :
....

👤Nom d'utilisateur :
....

🔒Mot de passe :
....

💬Remarques :
....

....

◄━━━━━━━━━━━━━━━━━━━━━━━━━━►)(◄━━━━━━━━━━━━━━━━━━━━━━━━━━►

🏠Nom :
....

🌐L'adresse du site :
....

👤Nom d'utilisateur :
....

🔒Mot de passe :
....

💬Remarques :
....

....

🏠Nom :
....

🌐L'adresse du site :
....

👤 Nom d'utilisateur :
....

🔒 Mot de passe :
....

💬Remarques :
....

....

◆◀◀•••————————→→✕←←————————•••◀◀◆

🏠Nom :
....

🌐L'adresse du site :
....

👤 Nom d'utilisateur :
....

🔒 Mot de passe :
....

💬Remarques :
....

....

◆◀◀•••————————→→✕←←————————•••◀◀◆

🏠Nom :
....

🌐L'adresse du site :
....

👤 Nom d'utilisateur :
....

🔒 Mot de passe :
....

💬Remarques :
....

....

🏠Nom :

....

🌐L'adresse du site :

....

👤Nom d'utilisateur :

....

🔒Mot de passe :

....

💬Remarques :

....

....

🏠Nom :

....

🌐L'adresse du site :

....

👤Nom d'utilisateur :

....

🔒Mot de passe :

....

💬Remarques :

....

....

🏠Nom :

....

🌐L'adresse du site :

....

👤Nom d'utilisateur :

....

🔒Mot de passe :

....

💬Remarques :

....

....

🏠Nom :
....

🌐L'adresse du site :
....

👤 Nom d'utilisateur :
....

🔒 Mot de passe :
....

💬Remarques :
....

....

◆◀◀•●•━━━━━━━━━━━━━━━━━━━━━━━━━━━━➤➤)(◀◀━━━━━━━━━━━━━━━━━•●•◀◀◆

🏠Nom :
....

🌐L'adresse du site :
....

👤 Nom d'utilisateur :
....

🔒 Mot de passe :
....

💬Remarques :
....

....

◆◀◀•●•━━━━━━━━━━━━━━━━━━━━━━━━━━━━➤➤)(◀◀━━━━━━━━━━━━━━━━━•●•◀◀◆

🏠Nom :
....

🌐L'adresse du site :
....

👤 Nom d'utilisateur :
....

🔒 Mot de passe :
....

💬Remarques :
....

....

🏠Nom :
....

🌐L'adresse du site :
....

👤Nom d'utilisateur :
....

🔒Mot de passe :
....

💬Remarques :
....

....

━━━◆━━━━━━━━━━━━━━━>)(<━━━━━━━━━━━◆━━━

🏠Nom :
....

🌐L'adresse du site :
....

👤Nom d'utilisateur :
....

🔒Mot de passe :
....

💬Remarques :
....

....

━━━◆━━━━━━━━━━━━━━━>)(<━━━━━━━━━━━◆━━━

🏠Nom :
....

🌐L'adresse du site :
....

👤Nom d'utilisateur :
....

🔒Mot de passe :
....

💬Remarques :
....

....

🏠Nom :

....

🌐L'adresse du site :

....

👤 Nom d'utilisateur :

....

🔒 Mot de passe :

....

💬Remarques :

....

....

◆━━━━━━━━━━━━━━━━━━━━━━━━━━━━━━◆

🏠Nom :

....

🌐L'adresse du site :

....

👤 Nom d'utilisateur :

....

🔒 Mot de passe :

....

💬Remarques :

....

....

◆━━━━━━━━━━━━━━━━━━━━━━━━━━━━━━◆

🏠Nom :

....

🌐L'adresse du site :

....

👤 Nom d'utilisateur :

....

🔒 Mot de passe :

....

💬Remarques :

....

....

🏠Nom :

🌐L'adresse du site :

👤 Nom d'utilisateur :

🔒 Mot de passe :

💬Remarques :

🏠Nom :

🌐L'adresse du site :

👤 Nom d'utilisateur :

🔒 Mot de passe :

💬Remarques :

🏠Nom :

🌐L'adresse du site :

👤 Nom d'utilisateur :

🔒 Mot de passe :

💬Remarques :

Nom :
....

L'adresse du site :
....

Nom d'utilisateur :
....

Mot de passe :
....

Remarques :
....

....

Nom :
....

L'adresse du site :
....

Nom d'utilisateur :
....

Mot de passe :
....

Remarques :
....

....

Nom :
....

L'adresse du site :
....

Nom d'utilisateur :
....

Mot de passe :
....

Remarques :
....

....

🏠Nom :
....

🌐L'adresse du site :
....

👤 Nom d'utilisateur :
....

🔒 Mot de passe :
....

💬Remarques :
....

....

◄━━●━━━━━━━━━━━━━━━━━━➤◯◄━━━━━━━━━━━━●━━━►

🏠Nom :
....

🌐L'adresse du site :
....

👤 Nom d'utilisateur :
....

🔒 Mot de passe :
....

💬Remarques :
....

....

◄━━●━━━━━━━━━━━━━━━━━━➤◯◄━━━━━━━━━━━━●━━━►

🏠Nom :
....

🌐L'adresse du site :
....

👤 Nom d'utilisateur :
....

🔒 Mot de passe :
....

💬Remarques :
....

....

🏠Nom :

....

🌐L'adresse du site :

....

👤 Nom d'utilisateur :

....

🔒 Mot de passe :

....

💬Remarques :

....

....

◆◀◀•●●━━━━━━━━━━━━━━━━⤜✕⤛━━━━━━━━━━━━●●●•▶▶◆

🏠Nom :

....

🌐L'adresse du site :

....

👤 Nom d'utilisateur :

....

🔒 Mot de passe :

....

💬Remarques :

....

....

◆◀◀•●●━━━━━━━━━━━━━━━━⤜✕⤛━━━━━━━━━━━━●●●•▶▶◆

🏠Nom :

....

🌐L'adresse du site :

....

👤 Nom d'utilisateur :

....

🔒 Mot de passe :

....

💬Remarques :

....

....

🏠Nom :

....

🌐L'adresse du site :

....

👤 Nom d'utilisateur :

....

🔒 Mot de passe :

....

💬Remarques :

....

....

◄━━━━━━━━━━━━━━━━━━━━━━━━►◯◄━━━━━━━━━━━━━━━━━━━━━━━━►

🏠Nom :

....

🌐L'adresse du site :

....

👤 Nom d'utilisateur :

....

🔒 Mot de passe :

....

💬Remarques :

....

....

◄━━━━━━━━━━━━━━━━━━━━━━━━►◯◄━━━━━━━━━━━━━━━━━━━━━━━━►

🏠Nom :

....

🌐L'adresse du site :

....

👤 Nom d'utilisateur :

....

🔒 Mot de passe :

....

💬Remarques :

....

....

🏠 Nom :
....

🌐 L'adresse du site :
....

👤 Nom d'utilisateur :
....

🔒 Mot de passe :
....

💬 Remarques :
....
....

━━━━━━━━━━━━━━━━━━◆◆◆━━━━━━━━━━━━━━━━━━

🏠 Nom :
....

🌐 L'adresse du site :
....

👤 Nom d'utilisateur :
....

🔒 Mot de passe :
....

💬 Remarques :
....
....

━━━━━━━━━━━━━━━━━━◆◆◆━━━━━━━━━━━━━━━━━━

🏠 Nom :
....

🌐 L'adresse du site :
....

👤 Nom d'utilisateur :
....

🔒 Mot de passe :
....

💬 Remarques :
....
....

🏠Nom :
....
🌐L'adresse du site :
....
👤 Nom d'utilisateur :
....
🔒 Mot de passe :
....
💬Remarques :
....
....

◄━━━━━━━━━━━━━━━━━━━━━━━━━━━━━━━━━━━━━━━►

🏠Nom :
....
🌐L'adresse du site :
....
👤 Nom d'utilisateur :
....
🔒 Mot de passe :
....
💬Remarques :
....
....

◄━━━━━━━━━━━━━━━━━━━━━━━━━━━━━━━━━━━━━━━►

🏠Nom :
....
🌐L'adresse du site :
....
👤 Nom d'utilisateur :
....
🔒 Mot de passe :
....
💬Remarques :
....
....

🏠Nom :

🌐L'adresse du site :

👤 Nom d'utilisateur :

🔒 Mot de passe :

💬Remarques :

🏠Nom :

🌐L'adresse du site :

👤 Nom d'utilisateur :

🔒 Mot de passe :

💬Remarques :

🏠Nom :

🌐L'adresse du site :

👤 Nom d'utilisateur :

🔒 Mot de passe :

💬Remarques :

🏠Nom :

....

🌐L'adresse du site :

....

👤 Nom d'utilisateur :

....

🔒 Mot de passe :

....

💬Remarques :

....

◄◄◦•• ➤➤〇◄◄ •◦•►►

🏠Nom :

....

🌐L'adresse du site :

....

👤 Nom d'utilisateur :

....

🔒 Mot de passe :

....

💬Remarques :

....

◄◄◦•• ➤➤〇◄◄ •◦•►►

🏠Nom :

....

🌐L'adresse du site :

....

👤 Nom d'utilisateur :

....

🔒 Mot de passe :

....

💬Remarques :

....

🏠 Nom :

....

🌐 L'adresse du site :

....

👤 Nom d'utilisateur :

....

🔒 Mot de passe :

....

💬 Remarques :

....

....

🏠 Nom :

....

🌐 L'adresse du site :

....

👤 Nom d'utilisateur :

....

🔒 Mot de passe :

....

💬 Remarques :

....

....

🏠 Nom :

....

🌐 L'adresse du site :

....

👤 Nom d'utilisateur :

....

🔒 Mot de passe :

....

💬 Remarques :

....

....

🏠Nom :

⚪L'adresse du site :

👤 Nom d'utilisateur :

🔒 Mot de passe :

💬Remarques :

🏠Nom :

⚪L'adresse du site :

👤 Nom d'utilisateur :

🔒 Mot de passe :

💬Remarques :

🏠Nom :

⚪L'adresse du site :

👤 Nom d'utilisateur :

🔒 Mot de passe :

💬Remarques :